Vente Constant BOUCHÉ

Les Mardi 7, Mercredi 8, Jeudi 9 et Vendredi 10 Février 1899

A DEUX HEURES PRÉCISES

DANS UN LOCAL

74, RUE AMELOT, 74

MODÈLES

POUR

BRONZES

d'Art, d'Ameublement, d'Éclairage

ET

PETITS BRONZES

Avec droit de reproduction

PROVENANT

De la Maison Constant BOUCHÉ

FABRICANT DE BRONZES, A PARIS

PAR SUITE DE CESSATION DE FABRICATION

EXPOSITION PUBLIQUE

Les Dimanche 5 et Lundi 6 Février 1899

DE 1 HEURES DU MATIN A 4 HEURES DU SOIR

COMMISSAIRE-PRISEUR	EXPERT
Me F. LECOCQ	M. A. BOUCHÉ
Rue Richer, 41	Boulevard du Temple, 54

PARIS — 1899

IMPRIMERIE MAULDE ET RENOU
———
MAULDE, DOUMENC & CIE
IMPRIMEURS DE LA COMPAGNIE DES COMMISSAIRES-PRISEUR
Rue de Rivoli, 144

CATALOGUE

DES

MODÈLES

POUR

BRONZES

d'Art, d'Ameublement, d'Éclairage

ET

PETITS BRONZES

Avec droit de reproduction

Groupes, Statuettes, Pendules, Candélabres
Girandoles, Bouts-de-Table. Jardinières. Vases. Bras. Coupes
Chenets, Encriers. Cachets. Flambeaux. Lustres, etc.

PROVENANT

De la Maison Constant BOUCHÉ

Fabricant de Bronzes. à Paris

PAR SUITE DE CESSATION DE FABRICATION

DONT LA VENTE AURA LIEU

DANS UN LOCAL, A PARIS

74, RUE AMELOT, 74

Les Mardi 7, Mercredi 8, Jeudi 9 et Vendredi 10 Février 1899

A **DEUX** HEURES **PRÉCISES**

COMMISSAIRE-PRISEUR	EXPERT
Mᶜ F. LECOCQ	**M. A. BOUCHÉ**
41, rue Richer, 41	54, boulevard du Temple, 54

EXPOSITION PUBLIQUE

Les Dimanche 5 et Lundi 6 Février 1899

DE 10 HEURES DU MATIN A 4 HEURES DU SOIR

PARIS — 1899

CONDITIONS DE LA VENTE

Elle sera faite **au comptant**.

Les Acquéreurs paieront **cinq pour cent** en sus du prix d'adjudication.

Ils seront tenus de prendre la **Fonte brute** existant pour certains modèle, au prix de **2 fr. 50 le kilogramme**.

Le **Poids de fonte** sera indiqué au moment de la mise en vente de chaque modèle.

La **livraison** mettant les acquéreurs à même de vérifier l'état des objets vendus, de même que les quantités ou poids énoncés, il ne sera admis aucune réclamation une fois la **livraison opérée**.

Les pièces en galvanoplastie proviennent de la Maison DELAUNAY

TABLE

Maulde, Doumenc et Cie, imp. de la Compagnie des Commissaires-Priseurs, rue de Rivoli, 144.   600—78660

<h2 style="text-align:center">DÉSIGNATION</h2>

—

GROUPES ET STATUETTES

—

1 — **La Toilette de Vénus**.
Haut. 0^{m}77.

Par H. PLÉ, *sculpteur*.

2 — **La Jeunesse d'Hercule**.
Haut. 0^{m}71.

Par E. MARIOTON, *sculpteur*.

3 — **Les Adieux au village**, n° 1.
Haut. 0^{m}62.

3 *bis* — **Les Adieux au village**, n° 2.
Haut. 0^{m}42.

Par BOURET, *sculpteur*.

4 — **Marin à l'abordage**, n° 1.
Haut. 0^{m}78.

4 *bis* — **Marin à l'abordage**, n° 2.
Haut. 0^{m}30.

Par ANFRIE, *sculpteur*.

5 — **Le Pêcheur de crabes**, n° 1.

> Haut. 0^{m}62.

5 *bis* — **Le Pêcheur de crabes**, n° 2.

> Haut. 0^{m}42.

>> Par Bouret, *sculpteur*.

6 — **L'Écho du désert**.

> Haut. 0^{m}65.

>> Par Coudray, *sculpteur*.

7 — **Marguerite**.

> Haut. 0^{m}33.

>> Par E. Marioton.

> Sans droit d'augmentation.

8 — **Porteur d'eau du Maroc**, n° 1.

> Haut. 0^{m}46.

8 *bis* — **Porteur d'eau du Maroc**, n° 2.

> Haut. 0^{m}30.

>> Par H. Plé, *sculpteur*.

9 — **Marchande d'oranges au harem**, n° 1.

> Haut. 0^{m}46.

9 *bis* — **Marchande d'oranges au harem**, n° 2.

>> Par H. Plé, *sculpteur*.

10 — **Jeanne d'Arc**.

> Haut. 0^{m}67.

>> Par Bouret, *sculpteur*.

11 — **La Fée aux roses.**

Haut. 0ᵐ53.

Par Pillet, *sculpteur.*

12 — **Moissonneuse.**

Haut. 0ᵐ68.

Par Fournier, *sculpteur.*

13 — **La Chanson.**

Haut. 0ᵐ67.

Par Bouret, *sculpteur.*

14 — **Le Messager d'amour.**

Haut. 0ᵐ48.

Par H. Plé, *sculpteur.*

15 — **Figaro.**

Haut. 0ᵐ51.

Par Bouret, *sculpteur.*

16 — **La Prière du soir.**

Haut. 0ᵐ34.

Par H. Plé, *sculpteur.*

17 — **Chasseur Louis XV.**

Haut. 0ᵐ34.

18 — **Pêcheur.**

Haut. 0ᵐ34.

Par Bouret, *sculpteur.*

19 — **Enfant Été.**

Haut. 0ᵐ50.

Par Rancoulet, *sculpteur.*

20 — **Le Travail interrompu.**

> Haut. 0^m37.

> > Par Coudray, *sculpteur*.

21 — Berger **Louis XV**, statuette assise.

22 — Bergère **Louis XV**, statuette assise.

> > Par Bouret, *sculpteur*.

23 — **Charmeur d'oiseau**, petit Lorrain.

24 — **Coquette**, petite Alsacienne.

> > Par Provost, *sculpteur*.

25 — Enfant **seigneur**.

26 — Enfant **manant**.

> > Par Rousseau, *sculpteur*.

27 — **Merveilleuse**, statuette debout.

28 — **Incroyable**, statuette debout.

29 — **Coquette au coffret.**

30 — **La Leçon de danse**, groupe de faunes.

> Plâtre seulement.

> > Par Jacques Maillet, *sculpteur*.

31 — **Le Mendiant d'amour.**

> Haut. 0^m49.

> Plâtre seulement.

> > Par Jacques Maillet, *sculpteur*.

32 — **La Pensée.**

> Plâtre seulement.

> > Par Bouret, *sculpteur*.

33 — **La Danse.**

Plâtre seulement.

Par Bouret, *sculpteur.*

34 — **Vénus de Milo.**

Haut. 0^{m}26.

35 — **Le Penseur.**

Haut. 0^{m}21.

36 — **Henri IV enfant.**

Haut. 0^{m}20.

37 — Enfant **Printemps.**

Haut. 0^{m}42.

38 — Enfant **Automne.**

Haut. 0^{m}42.

Par Pigalle, *sculpteur.*

39 — Groupe **Enfants à la rose.**

Fondu sur ancien.

Par Falconet, *sculpteur.*

4 — Groupe trois **Enfants à l'oiseau.**

41 — Groupe trois **Enfants aux raisins.**

Fondus sur ancien.

42 — **Amour en pleurs**, n° 1.

43 — **Amour en pleurs**, n° 2.

Par Sanzel, *sculpteur.*

44 — **Amour pensif.**

Par Huzel, *sculpteur.*

Sans droit d'augmentation.

45 — Enfant, garde-à-vous.

Haut. 0^m28.

46 — Enfant, garde-à-vous.

Haut. 0^m22.

Par PIGALLE, *sculpteur*.

47 — Enfant, garde-à-vous (debout).

Fondu sur ancien.

48 — Amour à la flèche.

Haut. 0^m26.

49 — Psyché.

Haut. 0^m27.

Fondu sur ancien.

50 — Enfant studieux.

Fondu sur ancien.

51 — Groupe champêtre **Louis XV.**

Fondu sur ancien.

52 — Quatre Enfants debout, **Les Saisons.**

Fondu sur ancien.

53 — Deux Enfants assis, **Saisons.**

Fondu sur ancien.

54 — Le Fils de Rubens.

Musée de Cluny.

Par CYFLÉ, *sculpteur*.

55 — **Ganymède**.

56 — **Omphale**.

Fondu sur ancien.

57 — Groupe d'**Amours tirant de l'arc**.

Par Falconet, *sculpteur*.

BUSTES & ANIMAUX

58 — Buste de femme **La Siffleuse**.

Par Garnier, *sculpteur*.

59 — Buste **Jean qui rit**, n° 1.

60 — Buste **Jean qui rit**, n° 2.

61 — Buste **Jean qui pleure**, n° 1.

62 — Buste **Jean qui pleure**, n° 2.

63 — **Chevaux de courses d'obstacles**.

Par Chemin, *sculpteur*.

Disposition pour isoler chaque cheval.

64 — **Cheval de courses**.

Par Chemin, *sculpteur*.

64 *bis* — Groupe **Lion et Antilope**.

Par E. Delabrière, *sculpteur*.

65 — **Lion au serpent**.

Attribué à Barye.

66 — Chien de cirque.

Par Chemin, *sculpteur*.

67 — Chien danois au repos.

Par Chemin, *sculpteur*.

68 — Chien tenant un bâton.

Par Chemin, *sculpteur*.

69 — Chien au chapeau, formant porte-allumettes.

70 — Chat au repos.

Par Heizler, *sculpteur*.

71 — Coq sur un panier, formant coupe.

72 — Coq au panier (porte-allumettes).

Par Violet, *sculpteur*.

GARNITURES DE CHEMINÉES
ET PENDULES

73 — Pendule style **Renaissance,** à mascarons.

73 *bis* **—** Bout-de-Table d'accompagnement.

74 — Pendule style **Louis XIV**, ajouré.

74 *bis* **—** Candélabre d'accompagnement.

75 — Pendule style **Louis XIV**, disposition pour émail.

75 *bis* **—** Candélabre d'accompagnement.

76 — Pendule à **têtes de lion.**

76 *bis* — Candélabre d'accompagnement.

77 — Pendule style **Renaissance**, à cariatides.

78 — Pendule style **Louis XIV**, sphynx.

79 — Pendule style **Louis XV.**
    Fondu sur ancien.

80 — Pendule style **Louis XV**, plus petite.
    Fondu sur ancien.

81 — Pendule style **Louis XV**, tête de chimère.

82 — Pendule style **Louis XVI**, lyre, pour marbrerie.
    Fondu sur ancien.

83 — Pendule style **Louis XVI**, Table.

84 — Pendule style **Louis XVI**, à rinceaux.

85 — Pendule style **Louis XVI** (à glaces), trophée.

86 — Pendule style **Louis XVI** (à glaces), colombes.

87 — Pendule **Régulateur.**
    Fondu sur ancien.

88 — Pendule style **Louis XVI** (à glaces), unie.

89 — Pendule style **Louis XVI**, cage carrée.
    Fondu sur ancien.
       Vente MARTEAU.

90 — Pendule style **Louis XVI**, à guirlande.
    Fondu sur ancien.
       Vente MARTEAU.

91 — Pendule style **Louis XVI**, têtes de lion.

Fondu sur ancien.

Vente MARTEAU.

92 — Pendule de bureau style **Louis XVI**.

Fondu sur ancien.

Vente MARTEAU.

93 — Pendule style **Louis XVI**, Rosée du matin.

Par FALCONET, *sculpteur*.

Vente MARTEAU.

94 — Pendule style **Louis XVI**, vase à flamme.

Fondu sur ancien.

95 — Pendule style **Louis XVI**, à vase.

Fondu sur ancien.

96 — Pendules à colonnettes style **Louis XVI**.

Fondu sur ancien.

97 — Pendule style **Louis XVI**, La Source.

Fondu sur ancien.

98 — Pendule style **Louis XVI**, Enfant au tam-bourin.

Par CLODION, *sculpteur*.

99 — Pendule style **Louis XVI**, Amour triomphant.

Vente MARTEAU.

100 — Pendule style **Louis XVI**, Flore et Amour.

Fondu sur ancien.

101 — Pendule style **Louis XVI**, Enfant assis.

Fondu sur ancien.

102 Pendule style **Louis XVI**, Enfant studieux.
Fondu sur ancien.

103 — Pendule style **Louis XVI**, Enfant debout.
Fondu sur ancien.

104 — Pendule Enfants bras en l'air, style **Louis XVI**.
Disposition pour émail.

105 — Pendule style **Empire**, Amour et Amitié.
Fondu sur ancien.
Fonte seulement.

106 — Pendule Régulateur **Empire** (modèle ancien).

107 — Socle de pendule style **Louis XVI**, pour sujets.
Baiser champêtre.

107 *bis* — Pendule ancienne, sujet **Cléopâtre**.

PENDULETTES

108 — Pendulette style **Louis XV**.
Réduction sur ancien.

109 — Pendulette style **Régence**, au soleil.
Disposition pour marbrerie.

110 — Pendulette Éléphant, style **Louis XV**.
Fondu sur ancien.

111 — Pendulette style **Louis XVI**, Amour aux colombes

3.

112 — Pendulette style **Louis XVI,** formant lyre.

 Fondu sur ancien.

113 — Pendulette Enfant tambourin sur colonnettes style **Louis XVI**.

 Fondu sur ancien.

114 — Pendulette style **Louis XVI,** Amour au pipeau.

 Fondu sur ancien.

115 — Pendulette style **Louis XVI,** Enfant Temps.

 Fondu sur ancien.

116 — Pendulette Enfant au tambourin, style **Louis XVI**.

 Réduction sur ancien.

117 — Pendulette **Nymphe à la rose.**

 Fondu sur ancien.

118 — Pendulette **Invocation à l'Amour.**

 Fondu sur ancien.

119 — Pendulette style **Louis XVI,** Trophée de musique.

120 — Pendulette style **Louis XVI,** formant lyre, terminée par des têtes de coqs.

121 — Pendulette style **Louis XVI,** Réveil de la Science.

122 — Pendulette style **Louis XVI,** trois Amours.

 Par H. PLÉ, *sculpteur*.

123 — Pendulette **Enfants vendangeurs.**

 Par PROVOST, *sculpteur*.

124 — Pendulette **Repos du jardinier.**
Fondu sur ancien.

125 — Pendulette Bacchante, style **Empire.**
Fondu sur ancien.

125 *bis* — Pendulette à glace **Les Colombes.**

CARTELS

126 — Petit Cartel style **Louis XV.**
Fondu sur ancien.

127 — Petit Cartel style **Louis XV.**
Fondu sur ancien.

128 — Cartel style **Louis XVI.**
Fondu sur ancien.

CANDÉLABRES

129 — Grand Candélabre style **Louis XV,** 6 lumières.

130 — Grand Candélabre style **Louis XVI,** Saint-Cloud.

131 — Candélabre style **Louis XVI,** gaine à glace.

132 — Candélabre style **Louis XVI,** à têtes de bélier, à 4 lumières, genre orfèvrerie.

Fondu sur ancien.

133 — Candélabre à colonne droite, style **Louis XVI.**

Fondu sur ancien.

134 — Candélabre style **Louis XVI,** Enfant debout.

Fondu sur ancien.

135 — Candélabre Enfant à genoux, style **Louis XVI.**

Fondu sur ancien.

136 — Femmes de Pigalle, style **Louis XVI.**

137 — Candélabre Femmes de Falconet, style **Louis XVI.**

Fondu sur ancien.

138 — Candélabre style **Louis XVI.**

Fondu sur ancien.

139 — Candélabre style **Louis XVI** (griffes têtes de bélier).

140 — Grand Bouquet style **Louis XVI.**

141 — Candélabre **Enfants Saisons** (incomplets).

142 — Candélabre style **grec,** 3 lumières.

143 — Candélabre style **ferronnerie,** 5 lumières.

144 — Lampe style **Louis XVI,** tête de bélier.

145 — Lampe Femme coup de vent, style **Empire.**

GIRANDOLES

146 — Girandole style **Louis XIII,** uni, 5 lumières.

147 — Grande Girandole style **Louis XV,** 7 lumières.

148 — Grande Girandole, style **Louis XV,** 5 lumières.
D'après l'ancien.

149 — Girandole, style **Louis XV,** à tortillons, 5 lumières.

150 — Girandole à fleurettes, style **Louis XV,** 4 lumières.

151 — Girandole, style **Louis XV,** riche, 5 lumières.
Fondu sur ancien.

152 — Girandole, bouquet de fleurs, style **Louis XV.**
Fondu sur ancien.

153 — Girandole, style **Louis XVI,** uni, 3 lumières.
Fondu sur ancien.

154 — Girandole, style **Louis XVI,** 6 lumières.

155 — Girandole, style **Louis XVI,** 5 lumières.
Fondu sur ancien.

156 — Girandole, style **Louis XVI,** 4 lumières, sur flambeau à tête de lion.

157 — Girandole, **Louis XVI,** 4 lumières.

158 — Girandole, style **Louis XVI,** branche unie, disposition pour 2, 4 ou 5 lumières.
Fondu sur ancien.

159 — Girandole, style **Empire,** enfant.
Fondu sur ancien.

BOUTS-DE-TABLE

160 — Bout-de-Table, Valets porteurs, **moyen âge.**

161 — Bout-de-Table, style **Renaissance** (sans griffe).

162 — Bout-de-Table et flambeau, style **Louis XIV.**

163 — Bout-de-Table style **Louis XV,** Enfants musiciens.

164 — Bout-de-Table, style **Louis XV,** à vase, 2 lumières.
Fondu sur ancien.

165 — Bout-de-Table, style **Louis XV,** brandon de fruits.

166 — Bout-de-Table, style **Louis XV,** 2 lumières.

167 — Bout-de-Table, style **Louis XV,** hautes branches.

168 — Bout-de-Table, style **Louis XV,** à pendantifs, 3 lumières.
Fondu sur ancien.

168 *bis* — Bouillotte style **Louis XV.**

169 — Bout-de-Table, style **Louis XV,** grand modèle.
Disposition pour liseuse.

170 — Bout-de-Table, style **Louis XV,** bas.
Fondu sur ancien.

171 — Bout-de-Table, style **Louis XV,** petit modèle.
Disposition pour liseuse.
Disposition pour girandole. 2 lumières.

172 — Bouquet à 2 lumières, style **Louis XV.**
Fondu sur ancien.

173 — Éléments pour bouquets, style **Louis XV.**

174 — Bout-de-Table lyre, style **Louis XVI.**
Disposition pour flambeau.

175 — Bout-de-Table, style **Louis XVI,** buste sur gaine.

176 — Bout-de-Table, style **Louis XVI** pieds de biche,
3 lumières.
Fondu sur ancien.

177 — Bout-de-Table vase à guirlandes, style **Louis XVI.**
Fondu sur ancien.
Vente Marteau.

178 — Bout-de-Table, style **Louis XVI,** à flammes.

179 — Bout-de-Table Enfants Saisons, style **Louis XVI.**
Fondu sur ancien.

180 — Bout-de-Table, style **Louis XVI,** uni.

180 *bis* — Bout-de-Table style **Louis XVI,** Faunes cou-
rants.
Par CLODION, *sculpteur.*
Fondu sur ancien.

181 — Bouillotte, style **Louis XVI,** 3 lumières.
Fondu sur ancien.

182 — Bout-de-Table **Marie-Antoinette.**
Fondu sur ancien.

183 — Bout-de-Table Enfants à genoux, style **Louis XVI.**

184 — Bout-de-Table **Enfants faunes** (invocation).
Fondu sur ancien.

185 — Bout-de-Table, style **Louis XVI,** à vase, base
marbre.

186 — Bout-de-Table, style **Louis XVI,** vase en
marbre.

187 — Bout-de-Table Enfants faunes, 2 lumières,
style **Louis XVI,** réduction n° 1.
Fondu sur ancien.
Par CLODION, *sculpteur.*

188 — Bout-de-Table Enfants faunes courant, 2 lumières, style **Louis XVI,** réduction n° 2.

189 — Bout-de-Table Enfants assis sur un fût, 2 lumières, style **Louis XVI.**
Fondu sur ancien.

190 — Bout-de-Table Enfants, style **Louis XVI.**
Fondu sur ancien.

191 — Bout-de-Table, style **Louis XVI,** à carquois,
pieds de biche (genre orfèvrerie).

191 *bis* — Bouillotte style **Louis XVI,** uni.

192 — Bout-de-Table, style **Louis XVI,** têtes de béliers.

193 — Bout-de-Table à carquois, style **Louis XVI** enrichi de cailloux du Rhin .

193 *bis* — Bouillotte, style **Empire.**

Fondu sur ancien.

CASSOLETTES

194 — Grande **Cassolette** brûle-parfums, têtes de faune.

Fondu sur ancien.

195 — Cassolette, style **Louis XVI,** à têtes de bélier et guirlandes.

Fondu sur ancien.

196 — Cassolette, style **Louis XVI,** têtes de faune.

Disposition pour candélabre.

197 — Cassolette (formant flambeau), style **Louis XVI,** à têtes de femme la nuit.

198 — Petite Cassolette, style **Louis XVI,** à rubans, sur colonnettes.

199 — Cassolette, style **Louis XVI,** têtes de lion.

200 — Petite Cassolette, style **Louis XVI,** têtes de femme.

201 — Cassolette formant flambeau, style **Louis XVI**, sur pied triangulaire.

202 — Petite Cassolette, style **Louis XVI**, à guirlandes.

203 — Cassolette, style **Louis XVI,** vase à guirlandes.

204 — Petite Cassolette, style **Louis XVI**, pattes de bélier.

205 — Cassolette. style **Louis XVI,** anneaux de perles.

206 — Petite Cassolette, style **Louis XVI,** têtes de béliers et guirlandes, sur base marbre.

    Fondu sur ancien.

207 — Petite Cassolette, style **Louis XVI** (brûle-parfums).

208 — Petite Cassolette à trois consoles, style **Louis XVI.**

    Disposition pour émail.

209 — Vase-Cassolette, quatre consoles, style **Louis XVI.**

    Disposition pour émail.

JARDINIÈRES

210 — Jardinière **Femme à la Perle.**

    Par FUGÈRE, *sculpteur*.

211 — Grande Jardinière-Coupe, forme **ovale,** à têtes de bélier et guirlandes de fleurs.

212 — Petite Jardinière **Le Char des Amours.**

Par Provost, *sculpteur.*

213 — Jardinière, style **Renaissance** ajouré.

214 — Grande Jardinière de table, style **Louis XV.**

215 — Grande Jardinière de table, style **Louis XV,** genre orfèvrerie .

216 — Jardinière de table, style **Louis XV** genre orfèvrerie), taille moyenne.

217 — Jardinière de table, style **Louis XV** ajouré.

218 — Petite Jardinière de table, style **Louis XV,** à médaillon genre orfèvrerie .

219 — Petite Jardinière, style **Louis XV.** intérieur cristal.

220 — Jardinière de table, style **Louis XVI,** ajouré.

221 — Surtout de table, style **Louis XVI,** uni.

Fondu sur ancien.

222 — Petite Jardinière, style **Louis XVI,** intérieur cristal.

223 — Jardinière **La Vigne,** femme et enfant.

Par Provost, *sculpteur.*

224 — Petite Jardinière **l'Automne,** enfant.

Par H. Plé, *sculpteur.*

225 — Jardinière-Cache-pot à **têtes de lion**.

226 — Jardinière-Cache-pot **Lézard et Papillon**.

227 — Jardinières (à feuillages), forme **ovale**.

228 — Petite Jardinière, forme **ovale**, têtes de lion.

229 — Petite Jardinière à **têtes d'enfant**.

230 — Divers feuillages pour Cache-pots et dispositions pour plusieurs Services de fumeurs.

VASES ET CACHE-POTS

231 — Grand Vase pour le bronze ou pour l'étain, sujet **La Mer**.

Par H. Plé, *sculpteur*.

232 — Vase anses **têtes de femme**, à bas-relief tirés du Parthénon.

233 — Aquarium **Enfant pêchant**.

Par Bouret, *sculpteur*.

234 — Vase à **collerette de forteresse**.

235 — Grand Vase style **Louis XV** Pompadour.

Fondu sur ancien.

236 — Vase style **Louis XV**, corps en marbrerie.

237 — Vase formant potiche **Sacrifice au Dieu Pan**.

Par Clodion, *sculpteur*.

238 — Vase Ronde d'Amours sur pied style **Louis XVI**.

239 — Vase **Satyre et Bacchante**.

> Par CLODION, *sculpteur*.

240 — Petit **Vase** porte-cigares ou porte-fleurs.

> Par CLODION, *sculpteur*.

241 — Vase style **Louis XVI** à grandes guirlandes.

242 — Vase style **Louis XVI** à têtes de femmes (corps en marbrerie).

243 — Vase style **Louis XVI**, enfants tenant une guirlande (l'enfant en propriété partagée).

244 — Vase style **Louis XVI** (disposition pour marbrerie).

> Fondu sur ancien.

245 — Vase style **Louis XVI**, anses enfants cariatides et guirlande de lauriers.

246 — Vase style **Louis XVI**, à 4 griffes et têtes de béliers.

247 — Vase style **Louis XVI**, trois têtes de femmes.

248 — Vase style **Louis XVI**, à anses, corps marbrerie.

249 — Amphore **Enfant au Satyre**.

> Partie et contre-partie.

> Par H. PLÉ, *sculpteur*.

250 — Vase **Enfants au tambourin**.

> Par PROVOST, *sculpteur*.

251 — · Vase penché **Murier et Vigne**.

> Par PROVOST, *sculpteur*.

252 — Vase **Enfants Bacchus.**

> Par H. PLÉ, *sculpteur*.

253 — Vases **Enfants charmant un oiseau et un papillon** (formant paire).

> Par PROVOST, *sculpteur*.

254 — Vase **Enfant à la colombe.**

> Par PLÉ, *sculpteur*.

255 — Vases enfants l'un **la Peinture** et l'autre enfant **la Sculpture** formant paire, disposition pour porte-montre.

> Par PROVOST, *sculpteur*.

256 — Vases **Enfants cache-cache.**

> SIGNORET-LEDIEU.

257 — Petit Cache-Pot la **Vigne**.

> Par PROVOST, *sculpteur*.

258 — Vase **Vigne vierge** (ou porte-cigares).

259 — Vases enfants, l'un **aux oiseaux;** contre-partie **Enfant au papillon,** formant paire.

> Par PROVOST, *sculpteur*.

260 — Vases **Enfants porteurs**, formant paire.

> Par H. PLÉ, *sculpteur*.

261 — Vases Enfants à la coupe, style **Louis XVI**.

262 — Vase style **Louis XVI**, Fleurs et Fruits.

263 — Vase à quatre griffes et **tête de lion**, disposition pour émail.

264 — Vase forme **gourde**, disposition pour émail.

265 — Vase style **Louis XVI,** corps en marbrerie, disposition pour émail.

266 — Grand Vase style **Louis XVI,** corps repoussé.

267 — Petit Vase style **Louis XV,** corps repoussé.

268 — Vase style **Louis XVI,** tête femme, corps repoussé.

269 — Vase **lézard et papillon,** corps repoussé.

270 — Vase forme bouteille **lézard et papillon,** disposition pour lampe, corps repoussé.

271 — Vase **têtes de lion,** corps repoussé.

272 — Vase ou Cache-Pot style **Louis XV,** corps repoussé.

PORTE-FLEURS

273 — Porte-Fleurs **Enfants au papillon** (fillette et garçon).

Par Bouret, *sculpteur.*

274 — Porte-Fleurs deux **Enfants tenant un cristal.**

Par Provost, *sculpteur.*

275 — Porte-Fleurs **Enfants aux raisins** (forme flûte).

276 — Porte-Fleurs trois **Enfants cariatides,**

Par Provost, *sculpteur.*

277 — Porte-Fleurs style **Herculanum**.

278 — Porte-Fleurs **Esclave de Pompéï**.

279 — Grand Porte-Fleur à plateau style **Renaissance**.

280 — Porte-Fleurs à plateau, style **Louis XV.**

281 — Porte-Fleur à plateau style **Louis XV,** plus petit.

282 — Porte-Fleurs style **Louis XV** (bas).

283 — Porte-Fleurs style **Louis XV** (pour tube cristal).

284 — Porte-Fleurs **Enfant, canard** et **bateau**.

Par GRIEL, *sculpteur*.

285 — Porte-Fleurs style **Renaissance**, pied à quatre griffes (la griffe est partagée).

286 — Porte-Fleurs hautes **griffes de lion**.

287 — Porte-Fleurs trois **dauphins enlacés**, monture pour vase cristal.

288 — Porte-Fleurs à quatre **griffes de lion**.

289 — Porte-Fleurs trois dauphins style **Louis XVI**.

290 — Porte-Fleurs trois **dauphins enlacés**, à tulipes.

291 — Porte-Fleurs trois **griffes** à écussons.

292 — Soliflor, disposition pour émail.

293 — Soliflor forme conique, disposition pour émail.

294 — Soliflor à quatre patins, disposition pour émail.

295 — Soliflor grand), disposition pour émail.

296 — Soliflor forme flûte à champagne, disposition
pour émail.

BRAS

297 — Bras style **Louis XVI,** à 1 lumière.

298 — Bras style **Louis XVI,** à gaine, buste d'homme
et de femme, 2 lumières.

299 — Bras style **Louis XV**. 2 lumières.

D'après l'ancien.

300 — Bras style **Louis XVI**, guirlandes de lauriers.
Fondu sur ancien.

301 — Bras style **Louis XVI,** à guirlande.
Fondu sur ancien.

302 — Bras style **Louis XVI**, femmes cariatides.
Fondu sur ancien.

303 — Bras **cors de chasse,** à 3 lumières.

304 — Bras **cors de chasse,** plus petit, 2 lumières.

305 — Bras style **Louis XVI** (simple), 2 lumières.

306 — Bras à glace style **Louis XVI**, 3 lumières.

307 — Bras style **Louis XVI**, trophée, 5 lumières.

COUPES ET PORTE-CARTES

308 — Porte-Cartes à bas-relief, **Jeanne d'Arc devant ses juges.**

Par H. PLÉ, *sculpteur.*

309 — Porte-Cartes bas-relief, **Femme couchée** (pour bronze ou étain).

Par GRIEL, *sculpteur.*

310 — Grand Plateau, style **japonais,** fond pour marbrerie.

311 — Coupe style **Louis XVI,** bas-relief, médaillon « le Mariage ».

312 — Coupe médaillon à **personnages.**

313 — Coupe, **La Leçon de Musique,** disposition pour émail ou tout bronze.

314 — Porte-Cartes style **Louis XVI.**

315 — Coupe, **Cygnes,** disposition pour émail ou pour le bronze.

316 — Coupe, **Femme et Enfant à la Fontaine.**

Par PROVOST, *sculpteur.*

CHENETS ET LANDIERS

317 — Grand Landier du **quinzième siécle.**

Haut. 1^mo8.

318 — Grand Landier, n° 2, du **quinzième siécle.**

Haut. o^m9o.

319 — Landier **Richelieu,** style ajouré.

Haut. o^m72.

Galerie d'accompagnement.

320 — Landier, **Salamandre.**

Haut. o^m68.

321 — Galerie style **Renaissance,** à dauphins, style ajouré, réduction n° 1.

322 — Galerie style **Renaissance,** à dauphins, style ajouré, réduction n° 2.

323 — Landier, **Lion héraldique,** n° 1.

Haut. o^m70.

324 — Landier, n° 2, **Lion héraldique.**

Haut. o^m6o.

325 — Chenet style **Louis XIII,** à guirlandes.

326 — Galerie style **Louis XVI,** à guirlandes.

327 — Galerie style **Louis XVI,** à lauriers.

328 — Chenet style **Louis XVI,** à boules.

Fondu sur ancien.

329 — Chenet style **Louis XVI**, vase cassolette.

330 — Chenet style **Louis XVI**, à balustres.

331 — Chenet style **Louis XVI**.

Fondu sur ancien.

332 — Chenet style **Louis XVI**.

333 — Chenets **divers.**

334 — Grands **Chenets éléments**, sur panneaux.

335 — Animaux pour **Chenets.**

NOTA. — Les Chenets et Landiers seront vendus pendant la vacation du *jeudi 9 février 1899.*

ENCRIERS

336 — Encrier. **Tête Etrusque.**

337 — Encrier. **Lampe antique.**

338 — Encrier **Pompéï**, à un godet.

339 — Encrier style **Renaissance.**

340 — Encrier à **Tête de Chimère** (deux tailles .

341 — Encrier style **Renaissance**, plateau ovale.

342 — Encrier style **Renaissance** et lumières.

343 — Encrier **Dauphins,** à deux godets, avec disposition pour un seul godet.

344 — Encrier style **Louis XIV** deux godets et lumières.

345 — Encrier à fleurettes **Pompadour.**

346 — Encrier style **Louis XV** (pour sujet de Saxe).

347 — Grand Encrier style **Louis XV,** à deux godets.

348 — Encrier style **Louis XV,** coquille, à deux godets.
Fondu sur ancien.

349 — Encrier style **Louis XV,** fond uni.

350 — Encrier style **Louis XV,** petit.
Fondu sur ancien.

351 — Encrier style **Louis XV,** à coquille, un godet.

352 — Encrier style **Louis XV,** Enfant gondolier.

353 — Encrier style **Louis XV** (pour plateau laqué).

354 — Encrier style **Louis XV,** ajouré.
Par GADY, *sculpteur.*

355 — Encrier style **Louis XV,** ajouré, petit.
Par GADY, *sculpteur.*

356 — Grand Encrier style **Louis XVI,** à guirlandes.

357 — Petit Encrier style **Louis XVI,** à guirlandes.

358 — Encrier style **Louis XVI,** Enfant timbalier.
Fondu sur ancien.

359 — Encrier style **Louis XVI,** Enfant étude.

360 — Encrier, sujet **La Pensée.**
Par H. PLÉ, *sculpteur.*

361 — Encrier, **Enfant à la Marmite.**
Par H. PLÉ, *sculpteur.*

362 — Encrier style **Empire,** sujet : Napoléon debout.

363 — Encrier style **Empire,** à couronne.

364 — Encrier style **Empire,** plateau à glace.

CACHETS, COUTEAUX A PAPIER
SONNETTES

365 — Cachet buste de **Napoléon,** sur gaine.

366 — Cachet **Enfance d'Hercule.**
Par les frères ROBERT, *sculpteurs.*

367 — Cachet **Enfant héraldique.**
Par les frères ROBERT, *sculpteurs.*

368 — Cachet **Atlas.**

369 — Cachet **Jean qui pleure.**

370 — Cachet **Jean qui rit.**

371 — Couteau à papier style **Japonais.**

372 — Couteau à papier style **Louis XVI**.

373 — Presse-Papier **Enfant à la poule.**
Par BOURET, *sculpteur.*

374 — Presse-Papier **écrevisse.**

375 — Sonnette style **Louis XVI,** à médaillon.

376 — Sonnette style **Louis XVI.**

377 — Sonnettes **unies** (plusieurs dimensions).

FANTAISIES

378 — Deux **Enfants** portant un baguier.
Par PROVOST, *sculpteur.*

379 — **Enfant Temps**, pour porte-montre.

380 — **Amour cherchant un cœur**, porte-allumettes.

381 — **Enfant conduisant une tortue**, presse-papier.

382 — **Enfant au coquillage**, baguier.

383 — **Enfant chaudronnier**, baguier.

384 — **Enfant petit pâtissier**, baguier.

Par H. Plé, sculpteur.

385 — **Enfant à la marmite**, porte-cigares.

386 — **Enfant tonnelier**, porte-cigares.

387 — **Enfant chanteur** au vase.

388 — **Enfant commissionnaire.**

Par H. Plé, sculpteur.

389 — **Enfant pêcheur**, porte-allumettes.

Par H. Plé, sculpteur.

390 — **Enfant haut-relief**, pour porte-montre.

Par Provost, sculpteur.

391 — Coffret style **Louis XVI**, riche.

392 — Coffret style **Louis XV**, forme de commode.

393 — Porte-Allumettes **esclave**, antique.

394 — Classeur à **feuillages** modernes.

395 — Service pour fumeur style **Louis XV**, fondu.

396 — Service pour fumeur style **Louis XV**, repoussé.

397 — Service pour fumeur style **Louis XVI**, ajouré.

398 — Service pour fumeur style **Louis XVI**, têtes de femmes et guirlandes.

3gg — Service pour fumeur style **Renaissance**, plateau ovale.

400 — Thermomètre style **Louis XVI**.

Fondu sur ancien.

401 — Porte-Allumettes **Pompéï**.

402 — Porte-Allumettes style **japonais**, disposition pour émail.

403 — Porte-Allumettes **applique**.

404 — Porte-Cigarettes **hanneton**.

405 — **Porte-Montre**, disposition pour émail.

406 — Porte-Montre style **Louis XV**.

407 — Porte-Montre **gravé**, disposition pour émail.

408 — Porte-Montre style **Louis XVI,** et enfants.

409 — Porte-Montre Amour, style **Empire**.

410 — Veilleuse style **Empire**.

411 — Veilleuse style **Louis XVI**.

412 — **Bobèches** gravés, forme carrée.

413 — **Bobèches**, disposition pour émail.

414 — Deux **Éteignoirs**.

FLAMBEAUX

415 — Flambeau style **Renaissance,** à dauphin.

416 — Flambeau style **Henri II**, à guirlandes.

417 — Flambeau style **Renaissance,** à griffes.

418 — Flambeau style **Henri II,** simple.

419 — Flambeau style **Renaissance**, tête de femme.

420 — Flambeau style **Vénitien,** gravé.

421 — Flambeau style **Louis XIV,** pour émail.

422 — **Flambeau** à disposition pour émail.

423 — Flambeau style **Louis XV**, à dauphins, disposition pour émail.

424 — Flambeau **riche,** disposition pour émail.

425 — Flambeau style **Louis XV**, à fleurettes.

426 — Flambeau style **Louis XV**, à fleurettes, plus petit.

427 — Grand Flambeau style **Louis XV**, à guirlandes.

428 — Grand Flambeau style **Louis XV.**

429 — Grand Flambeau style **Louis XV**, à canaux unis.

430 — Grand Flambeau style **Louis XV.**

431 — Flambeau style **Louis XV** (moyenne taille).

432 — Flambeau Basset, style **Louis XV.**

433 — Flambeau style **Louis XV,** bas.

434 — Flambeau style **Louis XV,** bas, uni.
Fonte seulement.

435 — Flambeau style **Louis XVI,** à guirlandes.

436 — Flambeau style **Louis XVI,** à canaux torses.

437 — Flambeau style **Louis XVI**, à canaux et
acanthe.

438 — Flambeau style **Louis XVI**, colonne droite unie.

439 — Flambeau style **Louis XVI**, pied octogone et
guirlandes.

440 — Flambeau style **Louis XVI** (pour bois acajou).

441 — Flambeau style **Louis XVI**, colonne droite
(taille moyenne).

442 — Flambeau style **Louis XVI**, colonne droite et
pied carré.

443 — Flambeau style **Louis XVI**, pied rond, plinthe
cannée.

444 — Flambeau style **Louis XVI**, bas à feuilles
d'acanthe.

445 — Flambeau style **Louis XVI**, pied ajouré.

446 — Flambeau style **Louis XVI**, bas pied rond.

447 — Flambeau style **Louis XVI**, à feuilles d'acanthe.

448 — Flambeau style **Louis XVI**, petites guirlandes.

449 — Flambeau style **Louis XVI**, à griffes de lion.

450 — Flambeau **Serre d'aigle**.

Vente DASSON.

451 — Flambeau style **Empire**, à griffes.

452 — Flambeau style **Empire** (pour cristal).

453 — Flambeau **Enfant**.

Par H. PLÉ, *sculpteur*.

454 — Flambeau **Enfant coup de vent**.

455 — Flambeau **Enfant**.

Par Bouret, *sculpteur*.

456 — Flambeau à sujet, la **Vieillesse**.

457 — Flambeau **Vigne**.

458 — Flambeaux et Bout-de-Table **néo-grec**.

459-464 — Flambeaux **divers**.

LUSTRES

465 — Un Lustre, style **Louis XVI**, à carquois, pour 6 lumières.

466 — Un Lustre **uni**, éléments divers.

BOUGEOIRS

467 — Bougeoir, style **Louis XIII**.

468 — Bougeoir, style **Louis XIV**.

Fondu sur ancien.

469 — Bougeoir, style **Louis XIV**, octogone.

470 — Grand Bougeoir, style **Louis XV**, enfant.

471 — Grand Bougeoir, style **Louis XV**.

Par Gady, *sculpteur*.

472 — Petit Bougeoir, style **Louis XV**.

Fondu sur ancien.

473 — Bougeoir **Pompadour.**

Fondu sur ancien.

474 — Bougeoir **Oiseaux.**

475 — Bougeoir, style **Louis XVI** (genre orfèvrerie).

476 — Bougeoir, style **Louis XVI**, enfant au soufflet.

Disposition pour émail.

477 — Bougeoir, style **Empire**, chimère.

478 — Bougeoir, style **Empire** (Les Roses).

479 — Bougeoir, style **Empire** (Les Saisons).

ÉLÉMENTS DIVERS

480-600 — **Planches d'Éléments,** Attributs, Appliques, Branches, Brandons, Bassins, Bobèches, Cadres, Cartouches, Écussons, Entrées de serrures, Enfants, Feuillages, Fleurs, Frises, Fûts, Guirlandes, Griffes, Lumières, Lauriers, Moulures, Plinthes, Pommes de pin, Rubans, Têtes de béliers, Terrasses, etc., etc.

601 et suivants — Objets non compris au présent Catalogue.

Ingram Content Group UK Ltd.
Pitfield, Milton Keynes, MK11 3LW, UK
UKHW031743170726
13836UKWH00002B/852

www.ingramcontent.com/pod-product-compliance
Ingram Content Group UK Ltd.
Pitfield, Milton Keynes, MK11 3LW, UK
UKHW031743170726
13836UKWH00002B/852